AF300581

FSC
www.fsc.org
MIX
Papier aus ver-
antwortungsvollen
Quellen
Paper from
responsible sources
FSC® C105338

Herold zu Moschdehner

Die Leberfleckleserin von Ueckermünde

Das Geheimnis einer Frau, die das Schicksal in der Haut las

Bibliografische Information der Deutschen Nationalbibliothek
Die Deutsche Nationalbibliothek verzeichnet diese Publikation in der Deutschen Nationalbibliografie; detaillierte bibliografische Daten sind im Internet über http://dnb.d-nb.de abrufbar.

ISBN 978-3-7693-0318-6

12,99 Euro

Vorwort

Die Geschichte der Fleckleserin von Ueckermünde führt uns an den Rand des Sichtbaren, dorthin, wo das Offensichtliche mit dem Geheimnisvollen verschmilzt. Lotte, die Protagonistin, sieht in den Flecken der Menschen nicht bloße Pigmentierungen, sondern Fenster zu ihren innersten Gefühlen, ihren Ängsten, Hoffnungen und längst vergessenen Erinnerungen. Diese Flecken sind stille Chronisten von Schicksal und Wandel, von Schmerz und Vergebung, sie erzählen von der tiefen Verbindung, die die Menschen mit der Natur und den unsichtbaren Kräften um sie herum haben. Das Buch entführt uns in eine Welt, in der Haut und Seele untrennbar verbunden sind. Durch Lottes Gabe wird das Lesen der Flecken zu einer Reise in das Innere der Menschen und zu einem Dialog mit der Natur. Es ist eine Gabe, die sie lehrt, Schicksale zu deuten und auf eine besondere Weise zu heilen. In der Stille des Haffs, das zu ihrem treuen Begleiter wird, findet Lotte die Kraft und Weisheit, die Gabe des Flecklesens anzunehmen und weiterzugeben.
Dies ist mehr als die Geschichte einer Gabe. Es ist ein Einblick in die geheimen Wege, die unsere Leben miteinander verflechten und uns stets an etwas Größeres erinnern, das uns verbindet. Möge die Geschichte der Fleckleserin auch Ihnen eine Erinnerung daran sein, dass unsere Zeichen und Spuren mehr sind als sie scheinen – dass sie Erinnerungen, Verbindungen und eine stille Poesie in sich tragen, die es zu entdecken lohnt.

Im Geiste des Haffs und der Fleckleserin wünsche
ich Ihnen eine aufmerksame und inspirierende
Reise in die Welt der Flecken und der
Geschichten, die sie erzählen.

Kapitel 1: Das erste Zeichen

In einem kleinen Hinterzimmer eines
unscheinbaren Hauses in Ueckermünde, nahe
der alten Apotheke an der Marktstraße, saß die
kleine Lotte auf einem hölzernen Hocker und
blickte neugierig auf den Rücken ihrer Mutter.
Lotte war gerade zehn Jahre alt und hatte sich
angewöhnt, die Pigmentflecken auf der Haut
ihrer Mutter zu zählen. Es war ein seltsames Spiel,
das sie selbst nicht recht erklären konnte. Die
Flecken schienen sie zu rufen, zu locken, als
hätten sie eine Geschichte zu erzählen. Und so
saß sie an diesem Abend, während das Licht der
alten Deckenlampe schummrig durch das
Zimmer schien und die Schatten der Möbel in
seltsame Formen verwandelte, wie hypnotisiert.
Lotte begann wie immer, die kleinen, runden
Flecken auf dem Rücken ihrer Mutter zu zählen.
Doch diesmal, als sie den Fleck oberhalb des
rechten Schulterblattes erreichte, blieb sie wie
angewurzelt sitzen. Es war nicht nur der Fleck
selbst, der sie faszinierte, sondern die Anordnung.
Es war, als würde eine Linie von Flecken vom
rechten Schulterblatt bis zur linken Hüfte eine Art
Muster bilden, ein Zeichen, das Lotte nicht
begreifen konnte, das aber eine sonderbare
Schwere hatte. Sie konnte sich nicht bewegen,
konnte den Blick nicht abwenden.
Plötzlich sprach die Mutter, ohne sich
umzudrehen: „Lotte, was siehst du denn da? Was
starrst du mich so an?" Lotte wollte antworten,
doch ihre Stimme war wie verschwunden. Sie
wusste nicht, wie sie das Gefühl beschreiben

sollte, das in ihr aufstieg – eine Mischung aus Angst, Faszination und einer seltsamen Gewissheit, dass sie etwas Wichtiges entdeckt hatte.

Am nächsten Tag in der Schule konnte sie die Gedanken an den Fleck und das Muster nicht abschütteln. Ueckermünde lag im sanften Licht des späten Frühlings, und durch die Fenster der alten Schule am Haff schien die Sonne in langen Streifen auf die Holzbänke. Doch Lotte war nicht bei der Sache. Die Flecken, das Muster, der dunkle Fleck oberhalb des Schulterblatts – all das beschäftigte sie wie ein Rätsel, das gelöst werden wollte. Sie konnte die Muster und Formen kaum aus dem Kopf bekommen, als wären sie ein Buch, das darauf wartete, gelesen zu werden.

Am Nachmittag, nachdem der Unterricht beendet war, entschloss sie sich, ihre Großmutter aufzusuchen. Die alte Dame lebte allein in einem kleinen Haus nahe der St. Marienkirche, die mit ihrem hohen Turm das Stadtbild von Ueckermünde prägte. Die Großmutter war eine Frau von ungewöhnlicher Weisheit und tiefer Stille, und Lotte hatte oft das Gefühl, dass sie die Antworten auf Fragen kannte, die niemand sonst beantworten konnte. Sie klopfte an die Tür und wartete, bis die Großmutter ihr ein herzliches Lächeln schenkte und sie hereinschickte.

„Großmutter, kann ich dir etwas fragen?" begann Lotte zögerlich. Die alte Dame, die sich gerade eine dampfende Tasse Tee eingegossen hatte, nickte nur und lud Lotte ein, sich neben sie zu setzen. „Ich habe etwas an Mama gesehen… etwas auf ihrem Rücken. Ihre Leberflecken… sie

haben ein Muster gebildet. Es sah aus, als würden
sie eine Geschichte erzählen."
Die Großmutter lächelte still, nahm einen Schluck
Tee und sah Lotte aufmerksam an. „Ach, mein
Mädchen," sagte sie schließlich, „Leberflecken
haben seit jeher ihre eigenen Geschichten.
Manche glauben, sie tragen unser Schicksal in
sich. Hast du noch nie bemerkt, dass die Flecken
bei manchen Menschen auf ganz besondere
Weise verteilt sind?"
Lotte schüttelte den Kopf, doch innerlich wusste
sie, dass die Großmutter recht hatte. Sie konnte
sich nicht erinnern, wann ihr diese besondere
Aufmerksamkeit für Leberflecken bewusst
geworden war, doch sie fühlte, dass es etwas
war, das tief in ihr lag.
„Weißt du, Lotte," fuhr die Großmutter fort, „früher
hat man geglaubt, dass jeder Mensch mit einem
Geburtsfleck auf die Welt kommt. Die Weisen
sagten, dieser Fleck liege oft auf dem rechten
Arm, nahe der Hand, und sei das Zeichen unserer
Geburt. Doch manchmal… gibt es Flecken ohne
das dunkle Melanin. Sie sind die
außergewöhnlichen Flecken, die besonderen
Zeichen. Sie verraten das Schicksal, das schwer
auf einem Menschen lastet, und manchmal –
aber das ist nur selten – lassen sie sich
verändern."
Lotte lauschte gebannt und hatte das Gefühl, als
öffne sich vor ihr eine Tür zu einem geheimen
Wissen, das nur wenige Menschen kannten.
„Großmutter, kannst du mir mehr darüber
erzählen? Ich will alles wissen," flüsterte sie.

Die Großmutter nickte nachdenklich und legte
Lottes kleine Hände in ihre. „Weißt du, Lotte,
Ueckermünde hat eine lange Geschichte. Hier,
an der Ostsee, gibt es viele Geheimnisse, die die
Menschen nie ganz durchschaut haben. Manche
sagen, dass die Meeresluft und das Salz die Haut
verändern und die Flecken reifen lassen wie alte
Karten. Diese Flecken sprechen zu denen, die
zuhören können. Und ich glaube, dass du
vielleicht die Gabe hast, das zu sehen."
Das Gespräch mit der Großmutter ließ Lotte in
den kommenden Wochen nicht mehr los. Immer
wieder kam sie zurück zu den Gedanken an die
Leberflecken, an die Muster und die
Geschichten, die sie zu erzählen schienen. Es
dauerte nicht lange, bis die ersten neugierigen
Freundinnen und später sogar ihre Lehrerin von
ihrem ungewöhnlichen Talent erfuhren. Sie zeigte,
was sie sah: Der eine Fleck bedeutete Glück, der
andere eine lange Reise, und wieder ein anderer
wies auf ein baldiges Wiedersehen mit einem
geliebten Menschen hin. Es war, als könnte sie in
den dunklen Pigmenten und feinen Linien etwas
erkennen, was den anderen verborgen blieb.
Eines Tages wurde ihre Mutter krank, und Lotte
sah in den Flecken auf ihrem Rücken eine dunkle
Vorahnung. Sie erkannte eine ungewöhnliche
Form, eine abweichende Farbe, die ihr bis dahin
nicht aufgefallen war. Die Mutter wurde ins
Krankenhaus am Rand von Ueckermünde
gebracht, das damals die einzige Klinik der Stadt
war. Die Ärzte entdeckten eine Infektion, doch
Lotte wusste tief in ihrem Herzen, dass der Fleck
an der Schulter die Wurzel des Übels war.

Lotte fühlte sich unruhig und suchte erneut die vertraute Stille bei ihrer Großmutter. Es war schon Abend, als sie das kleine Haus an der Kirchstraße erreichte. Die alten Fensterläden knarrten im Wind, und der Duft von getrockneten Kräutern erfüllte die Luft, als ihre Großmutter sie mit einem ernsten Blick empfing. Lotte erzählte von der Krankheit der Mutter und wie der Fleck am Rücken sich verändert hatte. „Großmutter, ich glaube, dieser Fleck war schuld. Er… er sah so anders aus, bevor Mama krank wurde," flüsterte sie, als fürchtete sie, dass die Worte selbst einen Zauber entfalten könnten.

Die Großmutter lauschte schweigend, nahm dann eine kleine Schale mit Tee und führte Lotte ins Wohnzimmer, das nur schwach vom Schein einer alten Stehlampe erleuchtet wurde. „Ich möchte dir eine Geschichte erzählen, Lotte," begann sie schließlich, mit einer Stimme, die schwer und zugleich voller Wärme klang. „Vor vielen Jahren, noch bevor ich geboren wurde, lebte hier in Ueckermünde eine Frau, die die Leberflecken der Menschen lesen konnte. Die Leute nannten sie die ‚Fleckleserin', und sie sagte, dass jeder Fleck eine Wahrheit in sich trägt."

Lotte blickte mit großen Augen auf ihre Großmutter und spürte, wie die Kälte der Nacht in ihren Nacken kroch. „Die Fleckleserin half den Menschen. Sie wusste, wann eine Gefahr kam, und manchmal konnte sie Krankheiten heilen, indem sie bestimmte Flecken entfernte oder besondere Salben auftrug. Die Menschen kamen von überall her, und sie wurde berühmt. Doch eines Tages kam ein Mann aus Berlin zu ihr. Er war ein hoher Offizier, und er verlangte von ihr, eine Reihe von Flecken zu entfernen, weil er überzeugt war, dass sie ihn von einem dunklen Schicksal befreien würden." Die Großmutter machte eine Pause und nahm einen langen Schluck Tee, während Lotte sich kaum traute, zu atmen.

„Doch die Fleckleserin warnte ihn. Sie sagte, dass nicht alle Flecken einfach entfernt werden dürfen. Manche sind mit dem Schicksal eines Menschen fest verbunden, und ihre Entfernung kann tiefgreifende Konsequenzen haben. Der Mann hörte nicht auf sie und verlangte, dass sie es trotzdem tat." Die Großmutter schwieg kurz und schloss die Augen. „Sie gehorchte – doch danach begann er zu verschwinden. Es war, als wäre mit den Flecken ein Teil seiner selbst fortgegangen. Er verlor alles, was ihm wichtig war, und schließlich auch seinen Verstand."

Lotte fröstelte und griff nach der Hand ihrer Großmutter. „Großmutter, was ist mit der Fleckleserin passiert?"

„Niemand weiß es genau," sagte die Großmutter leise. „Man sagt, sie sei irgendwann selbst spurlos verschwunden. Ihre Gabe war so stark, dass sie offenbar zu einer Gefahr für die Mächtigen wurde. Doch manche behaupten, dass sie noch immer hier in Ueckermünde lebt, vielleicht in den Erinnerungen oder sogar in den Flecken der Menschen, die hier geboren werden."

Dieses Gespräch und die alte Geschichte ließen Lotte wochenlang nicht los. Mit jedem Tag schien sie neue Details an den Menschen um sie herum zu bemerken. Sie begann, die Flecken an den

Armen und Gesichtern ihrer Freundinnen zu studieren, und entdeckte bald Muster und Formen, die sie zu deuten begann. Ein kleiner, dreieckiger Fleck an der Hand einer Freundin bedeutete Glück, da war sie sicher. Ein anderer Fleck auf der linken Schulter ihrer Lehrerin sah aus wie eine Warnung vor einer schwierigen Zeit, die auf sie zukommen würde. Bald sprach sich ihre Gabe herum, und die Menschen fingen an, sie heimlich zu fragen, ob sie „etwas sehen" könne. Mit der Zeit sprach auch die Mutter wieder über ihre Krankheit und die Infektion, die ihr zu schaffen gemacht hatte. „Weißt du, Lotte," sagte sie eines Tages, als sie durch den Ueckermünder Stadtpark spazieren gingen, „du hast mir damals wirklich geholfen. Irgendwie hat mich dein Blick auf diesen Fleck auf etwas aufmerksam gemacht, das ich selbst nicht bemerkt hätte. Vielleicht hast du wirklich etwas Besonderes."
In diesem Moment fühlte sich Lotte zum ersten Mal so, als könnte ihre Gabe ein Segen sein, der anderen helfen könnte. Sie begann ihre Schulhefte mit kleinen Notizen zu füllen, indem sie Formen und Farben von Leberflecken skizzierte und Beobachtungen über die Menschen, denen sie gehörten, aufzeichnete. „Geburtsfleck rechts, normal. Farbe ungleichmäßig, aber unauffällig."
„Schicksalsfleck am Handgelenk, vielleicht verbunden mit Verlust oder Wiederkehr." Mit jedem Fleck schien sich ihr Verständnis für die Menschen um sie herum zu vertiefen, als würden sich die Geschichten der Menschen in diesen kleinen Markierungen offenbaren.

Doch dann geschah etwas Ungewöhnliches.
Eines Tages kam eine ältere Frau, eine Nachbarin
aus ihrer Straße, zu ihr. Sie hatte von Lottes
Fähigkeit gehört und war neugierig geworden.
„Lotte," begann sie, „ich habe da einen Fleck,
der mich seit Jahren stört. Vielleicht kannst du
etwas darin sehen?" Die Frau krempelte den
Ärmel ihres altmodischen Wollmantels hoch und
zeigte auf einen ovalen, fast schwarzen Fleck
oberhalb ihres Handgelenks. Er hatte eine so
tiefdunkle Farbe, dass Lotte das Gefühl hatte, in
ein Loch zu blicken, das etwas verbarg.
Sie beugte sich näher heran und betrachtete
den Fleck intensiv. Ihr Herz schlug schneller, und
sie spürte, wie eine Welle von Dunkelheit durch
ihren Körper zog. Es war, als könne sie den
Schmerz und die Trauer der Frau fühlen. Sie
schloss die Augen und plötzlich erschien vor
ihrem inneren Blick eine Szene: Die Frau stand
allein an einem düsteren Ort, umgeben von
Dunkelheit. Es war ein Moment tiefen Verlustes
und von Verzweiflung, und Lotte wusste, dass
dieser Fleck diese Empfindungen trug.
Mit bebender Stimme sagte sie: „Ich… ich
glaube, dass dieser Fleck einen Verlust in deinem
Leben repräsentiert. Vielleicht… vielleicht könnte
er dir helfen, etwas loszulassen." Die Frau schien
ergriffen und nickte nachdenklich. Es war, als
habe Lotte etwas ausgesprochen, das die Frau
selbst schon lange wusste, aber nie in Worte
fassen konnte.
Von diesem Tag an war Lottes Ruf im Viertel
unumstößlich. Es schien, als hätte jeder plötzlich
Leberflecken, die auf ihre Art und Weise etwas

bedeuteten. Menschen sprachen davon, dass manche Flecken dunkler wurden, als ob sie sich veränderten, und dass manche Flecken verschwanden, wenn eine alte Last aus ihrem Leben schwand. Die Leute kamen mit allen möglichen Fragen, wollten wissen, was die Flecken über ihre Gesundheit, über die Zukunft ihrer Kinder oder über ungeklärte Entscheidungen sagten. Es war ein eigentümliches Vertrauen, das sie ihr entgegenbrachten – und für Lotte begann es, fast zur Bürde zu werden.

Eines Tages, als sie erneut die Stufen zur Wohnung ihrer Großmutter hinaufstieg, spürte sie das Gewicht ihrer Verantwortung. Sie hatte viele Fragen zu beantworten, doch ihr Wissen reichte bei Weitem nicht aus. Die Großmutter empfing sie wie immer mit einer Schale Tee und setzte sich zu ihr ans Fenster. „Großmutter, manchmal habe ich das Gefühl, dass ich etwas tue, das ich gar nicht verstehen kann. Was ist, wenn ich die Flecken falsch deute? Was ist, wenn ich jemandem Hoffnung gebe, die dann nicht wahr wird?"

Die Großmutter lächelte sanft und legte ihre Hand auf Lottes Schultern. „Wissen und Weisheit wachsen langsam, mein Kind. Es ist gut, dass du dich um die Menschen sorgst, aber denke daran: Du liest nicht in den Flecken, du liest in den Herzen der Menschen. Die Flecken sind nur eine Tür zu diesen Geschichten. Du musst lernen, mit dieser Gabe sanft umzugehen, aber auch zu akzeptieren, dass sie dich eines Tages mehr lehren wird als jedes Buch."

Diese Worte blieben Lotte lange im Gedächtnis. In den folgenden Wochen kam sie immer wieder auf das Thema der Flecken zurück. Sie begann zu verstehen, dass die Bedeutung der Flecken nicht starr war, sondern lebendig – dass sie sich änderten, je nachdem, wie die Menschen selbst mit ihrem Leben umgingen. Die Flecken waren Zeichen, ja, aber sie waren auch wandelbar.

Kapitel 3: Die Schicksalsflecken und die wachsende Last

Der Herbst über Ueckermünde wurde dunkler, und die Tage verloren mehr und mehr an Helligkeit. Nebelschwaden schwebten am Haff entlang und hüllten die alten Häuser in einen fast geisterhaften Schleier. Es schien, als hätte die Stadt eine schwere Stille angenommen, die nicht nur in den Straßen, sondern auch in den Herzen der Menschen lag, die Lotte aufsuchten. In der kleinen Wohnung, die sie mit ihrer Mutter teilte, saß sie an ihrem Tisch und blätterte durch die Seiten ihrer Notizen – eine Sammlung skizzenhafter Zeichnungen von Leberflecken, die sie in den vergangenen Monaten gesehen hatte, und Beobachtungen, die sie über ihre Besitzer gemacht hatte.

Eines Abends, als sie über ihre Aufzeichnungen nachdachte, klopfte es an der Tür. Ihre Mutter hatte sie bereits vor den vielen Besuchern gewarnt und fühlte sich zunehmend unwohl mit der wachsenden Aufmerksamkeit für Lottes Gabe. Doch diesmal war es kein Nachbar, sondern ein Mann, den Lotte noch nie gesehen hatte. Er trug einen alten Trenchcoat und hielt einen abgenutzten Hut in den Händen. Sein Gesicht war von den Jahren gezeichnet, und die Falten um seine Augen verrieten eine Mischung aus Traurigkeit und Entschlossenheit.

„Bist du das Mädchen, das in den Flecken liest?" fragte er leise und mit einer Dringlichkeit, die Lotte zugleich erschreckte und neugierig machte. Sie nickte und bat ihn zögerlich herein.

Der Mann setzte sich auf den Stuhl, den sie ihm
anbot, und sah sie für einen Moment schweigend
an. Schließlich sprach er: „Ich habe gehört, dass
du Dinge erkennen kannst, die anderen
verborgen bleiben. Vielleicht ist es ein dummer
Aberglaube, aber ich habe einen Fleck, den ich
nicht verstehe. Ich wollte immer wissen, was er
bedeutet. Kannst du mir helfen?"
Lotte nickte und wartete, bis der Mann seinen
linken Ärmel hochschob und einen Fleck an der
Innenseite seines Oberarms zeigte. Der Fleck war
ungewöhnlich, fast rund, doch mit winzigen, wie
ausgestanzten Rändern, die an die Zacken eines
Zahnrades erinnerten. Seine Farbe war ein tiefes
Braun, fast schwarz, und in der Mitte schien sich
ein dunkler Punkt zu befinden, der wie ein kleines
Loch aussah.
Lotte spürte eine seltsame Schwere, als sie den
Fleck betrachtete, eine Last, die über den Mann
zu schweben schien. Es war ein Gefühl von
Einsamkeit, das sie durchzog, als könnte sie den
Schmerz und die verlorenen Jahre in ihm spüren.
„Dieser Fleck…", begann sie vorsichtig, „er ist
nicht wie die anderen. Es scheint, als würde er
eine Art Abgrenzung darstellen, ein Schutzschild,
aber auch etwas, das dich belastet. Hast du…
hast du jemals jemanden verloren?"
Der Mann senkte den Kopf und schloss für einen
Moment die Augen. „Ja," flüsterte er, seine
Stimme war rau und voller Bedauern. „Ich verlor
meine Frau und mein Kind vor vielen Jahren in
einem Unfall. Seitdem trage ich diesen Fleck, als
ob er sich dort gebildet hätte, wo die Erinnerung
an sie sitzt."

Lotte verstand, dass dieser Fleck eine Art Schicksalsfleck war, ein tiefer Abdruck der Vergangenheit, der sich in seiner Haut festgesetzt hatte. „Ich denke, dieser Fleck ist mehr als nur eine Erinnerung. Er ist ein Symbol für die Last, die du trägst, aber vielleicht auch für die Liebe, die dich an sie bindet. Manchmal bleiben solche Flecken, um uns daran zu erinnern, wer wir sind und was uns wichtig ist. Vielleicht könnte er sich verändern, wenn du bereit bist, die Vergangenheit loszulassen, ohne sie zu vergessen."

Der Mann sah sie an, und in seinen Augen lag ein leises, unmerkliches Aufblitzen von Hoffnung. Er bedankte sich und verließ das Haus, aber Lotte wusste, dass die Begegnung ihn verändert hatte. Die Last, die er trug, schien nicht mehr so schwer wie zuvor, und sie hoffte, dass der Fleck ihm eines Tages Frieden bringen könnte.

In den folgenden Wochen nahmen die Besuche weiter zu. Lotte wurde zur Anlaufstelle für Menschen, die ihre Lebensgeschichten in ihren Flecken verstanden wissen wollten. Die Nachbarschaft begann sie in einem neuen Licht zu sehen, doch die Last dieser Verantwortung bedrückte Lotte. Manche kamen mit Tränen, manche mit versteinerten Gesichtern, und die Geschichten, die sie in den Flecken las, waren oft voller Schmerz und ungelebter Träume.

Eines Nachmittags, während sie gerade in ihre Notizen vertieft war, öffnete ihre Mutter plötzlich die Tür und rief: „Lotte, komm bitte ins Wohnzimmer. Jemand ist hier, der mit dir sprechen möchte." Sie folgte ihrer Mutter und sah, dass Frau Gisela, die Hotelbesitzerin, sie erneut aufsuchte. Doch diesmal war Frau Gisela nicht allein. Neben ihr stand ein Mann in einem grauen Anzug, der einen strengen, aber höflichen Ausdruck hatte. Seine Augen ruhten aufmerksam auf Lotte.

„Das ist Herr Schneider," sagte Frau Gisela leise. „Er ist… nun ja, er arbeitet für die Bezirksleitung."

Lotte spürte, wie ihr Herz schneller schlug. Die Bezirksleitung bedeutete oft Einfluss und Macht, und sie verstand nicht, warum jemand wie Herr Schneider an ihr interessiert sein könnte.

„Lotte," begann Herr Schneider mit einer glatten, beinahe väterlichen Stimme, „ich habe von deinen Fähigkeiten gehört. Manche nennen es eine Gabe, andere einen Zufall, aber ich habe Grund zur Annahme, dass du Dinge wahrnehmen kannst, die anderen verborgen bleiben. Es gibt da jemanden, einen unserer hochgeschätzten Kollegen, der um deinen Rat bittet."

Lotte fühlte die Dringlichkeit seiner Worte und verstand, dass dies kein gewöhnlicher Besuch war. Sie folgte Herrn Schneider und Frau Gisela hinaus auf die Straße, wo ein schwarzer, glänzender Wartburg stand. Sie stiegen ein, und der Wagen fuhr durch die engen, gepflasterten Gassen von Ueckermünde, bevor er in eine Straße einbog, die zum Bürogebäude der Bezirksleitung führte.

Als sie ausstieg, wurde sie von Herrn Schneider in ein kleines Büro geführt, das nur spärlich beleuchtet war. Dort wartete ein Mann auf sie – ein hoher Parteifunktionär mit einem scharf geschnittenen Gesicht und einem

durchdringenden Blick. Er musterte sie für einen Moment schweigend, bevor er mit einer knappen Bewegung auf einen Stuhl wies.
„Lotte, ich habe von dir gehört," sagte er mit einem Tonfall, der sowohl freundlich als auch beunruhigend war. „Ich habe… gewisse Sorgen. Einen Fleck, der mir Kopfzerbrechen bereitet." Er zog seinen Hemdkragen zur Seite und offenbarte einen tiefbraunen Fleck an der rechten Seite seines Halses. Der Fleck war ungewöhnlich groß und schien wie ein dunkler Schatten auf seiner Haut zu liegen.
Lotte betrachtete den Fleck und spürte eine seltsame Unruhe. Es war, als ob dieser Fleck etwas verbarg, eine Art Verschleierung, die sie nur schwer durchdringen konnte. „Dieser Fleck," begann sie langsam, „er scheint… mit deiner Zukunft verbunden zu sein. Er könnte ein Zeichen für eine Veränderung sein, etwas, das auf dich zukommt. Ich kann es nicht genau erklären, aber es fühlt sich an, als würde er dich vor einem möglichen Verlust oder einem Umbruch warnen."
Der Funktionär sah sie aufmerksam an und nickte schließlich. „Interessant. Es gibt Dinge, die ich noch klären muss, das stimmt. Danke, Lotte." Er legte den Kragen wieder zurück, und Lotte spürte, dass das Gespräch damit beendet war. Herr Schneider führte sie zurück zum Wagen und brachte sie nach Hause, ohne ein weiteres Wort über die Begegnung zu verlieren.
Zurück in ihrem Zimmer setzte sich Lotte an ihren Schreibtisch und dachte über die Begegnung nach. Es war seltsam, wie dieser Mann auf sie zugekommen war, wie er ihre Fähigkeiten ernst

genommen hatte. Doch gleichzeitig fühlte sie eine wachsende Last auf ihren Schultern. Die Flecken der Menschen trugen ihre Geschichten und Schicksale, aber auch ihre Ängste und ihre Hoffnungen. Sie spürte, dass ihre Gabe zu einer Art Brücke geworden war, über die andere ihre Geheimnisse und Wünsche transportierten, und dass sie selbst bald die Grenze ihrer Belastbarkeit erreichen würde.

In den folgenden Wochen kamen mehr Menschen, selbst aus anderen Städten, die von ihrem Ruf gehört hatten. Einige Flecken sprachen von Glück und Liebe, andere von Verlust und Krankheit. Es war, als ob die Flecken lebendig wurden und ihre Geschichten selbst erzählen wollten. Lotte begann, Tagebuch zu führen, um die Zusammenhänge besser zu verstehen und ihre Deutungen zu verfeinern. Sie entdeckte Muster, bestimmte Farben und Formen, die oft wiederkehrten und ähnliche Bedeutungen trugen.

Doch mit jeder Geschichte, die sie las, wuchs das Gefühl der Erschöpfung. Die Schicksale, die sich in den Flecken verbargen, lasteten auf ihr, und sie fragte sich, wie lange sie diese Last noch tragen konnte.

Kapitel 4: Die Schicksalslinien werden dunkler

Die Wochen vergingen, und mit ihnen schien das
Geheimnis der Leberfleckleserin tiefer und dichter
zu werden. Lotte spürte, dass die Flecken, die sie
sah, nicht einfach nur Markierungen waren,
sondern fast wie Türen, die zu anderen Welten
führten. Jedes Mal, wenn sie einem neuen
Besucher gegenübertrat und dessen Flecken
ansah, hatte sie das Gefühl, als würde sie in eine
Geschichte hineingezogen, die sich nach und
nach entfalten wollte. Die Menschen strömten
von nah und fern, manchmal sogar aus anderen
Städten der Region, und immer schienen sie
davon überzeugt, dass Lotte ihnen einen Blick in
ihre Zukunft oder eine Antwort auf ihre Sorgen
geben konnte.
Eines kalten Morgens, als sich Ueckermünde in
Nebel hüllte und die Häuser am Haff in einem
fahlen Licht standen, klopfte es früh an der Tür.
Lotte öffnete und fand sich einem Mann
gegenüber, der sie mit einem abwartenden Blick
musterte. Er war mittleren Alters, hatte einen
strengen, beinahe steinernen Ausdruck und trug
einen abgetragenen Mantel, der vom vielen
Tragen glänzte. Ohne viele Worte zu verlieren,
stellte er sich vor: „Mein Name ist Herr Becker. Ich
bin aus Rostock hierhergekommen. Man hat mir
gesagt, dass du Flecken lesen kannst."
Lotte nickte, und Herr Becker setzte sich an den
kleinen Küchentisch. Es war ungewöhnlich, dass
Besucher ohne eine vorherige Ankündigung
auftauchten, doch sie spürte eine Unruhe, die
den Mann begleitete, eine Art

unausgesprochenen Druck, der in der Stille des Raumes schwebte. Nach einem kurzen Zögern zog er den Ärmel seines Mantels hoch und zeigte auf einen Fleck auf seinem rechten Handgelenk. Der Fleck war klein, fast unscheinbar, aber seine Form erinnerte an einen Pfeil, der nach unten zeigte, und die tiefschwarze Farbe wirkte, als hätte sie sich im Laufe der Jahre verdunkelt. Lotte betrachtete den Fleck, und in ihrem Inneren tauchte ein Bild auf – ein Bild von Wasser, einem ruhigen See, der plötzlich von einem dunklen Schatten überzogen wurde. Es war eine unheilvolle Vision, und sie wusste, dass dieser Fleck etwas Bedeutungsvolles verbarg. „Dieser Fleck…", begann sie zögerlich, „er scheint mit einer Reise verbunden zu sein, aber nicht einer normalen Reise. Es ist, als wäre es eine Reise, die mit Verlust oder Gefahr zu tun hat. Vielleicht… vielleicht ist es etwas, das du aufgeben musst, um weiterzukommen."

Herr Becker runzelte die Stirn und sah sie eindringlich an. „Eine Reise? Ich bin vor kurzem an die Ostsee gezogen und habe ein altes Boot gekauft. Das Segeln ist für mich eine Art Zuflucht geworden." Er hielt kurz inne und fügte dann hinzu: „Es ist seltsam, dass du von Gefahr sprichst. In den letzten Monaten hatte ich mehrmals das Gefühl, als würde mich etwas auf dem Wasser beobachten. Eine Art Präsenz."

Lotte spürte, dass dieser Fleck mehr zu erzählen hatte. Sie blickte auf seine dunklen Konturen und dachte daran, wie der Fleck möglicherweise mit seinem eigenen Schicksal verwoben war.

„Vielleicht solltest du vorsichtig sein," sagte sie

leise. „Dieser Fleck könnte eine Warnung sein. Es ist möglich, dass deine Verbindung zum Wasser eine Gefahr birgt, die du noch nicht vollständig verstehst. Achte auf deine Umgebung, besonders, wenn du das Wasser überquerst." Der Mann schien nachdenklich und bedankte sich knapp, bevor er ging. Doch die Begegnung hinterließ bei Lotte ein Gefühl der Beklemmung, das sie nicht loswurde. Es war, als würde sich etwas Dunkles und Unerklärliches in den Flecken der Menschen verstecken, eine Art Muster, das nicht nur individuelle Schicksale zeigte, sondern auch die Vorboten eines drohenden Unheils.

In den folgenden Tagen klopfte es immer häufiger an Lottes Tür. Es schien, als hätte Herr Becker den Funken eines neuen Rufes entfacht. Die Leute kamen nicht mehr nur mit Fragen nach Glück oder Liebe, sondern zunehmend mit ernsteren Anliegen – Fragen nach Krankheit, Verlust oder dem Tod. Manche hatten Flecken, die Lotte zutiefst beunruhigten, Formen und Farben, die sie noch nie gesehen hatte. Dunkle, fast violett-schwarze Flecken, die an dichte Schatten erinnerten, oder Flecken, die aussahen wie kleine Netze, als würden sie die Betroffenen fesseln und gefangen halten.

Eines Abends erschien eine ältere Frau an ihrer Tür. Sie trug einen dicken, wolligen Schal, und ihre Hände zitterten leicht, als sie Lotte mit einem durchdringenden Blick ansprach. „Man sagt, du kannst Dinge sehen, die andere nicht sehen. Ich habe Flecken, die mir Angst machen." Ohne weitere Erklärungen zog sie den Schal beiseite und zeigte einen großen, dunklen Fleck auf ihrer

Brust, direkt über dem Herzen. Die Form erinnerte Lotte an eine Spirale, die sich um einen tiefen Kern drehte, und die Farbe war ungewöhnlich – ein dunkles, beinahe rostiges Braun, durchzogen von feinen, schwarzen Linien.

„Dieser Fleck…", flüsterte Lotte und versuchte, ihre wachsende Besorgnis zu verbergen, „er sieht aus wie… eine Last, die du schon sehr lange trägst. Es ist, als ob er etwas von deinem Leben abzieht, als würde er von deiner Kraft zehren." Sie zögerte kurz, doch die Worte flossen wie von selbst aus ihr heraus: „Vielleicht ist es eine Krankheit, die in dir lebt. Etwas, das lange verborgen war, aber nun an die Oberfläche kommt."

Die Frau schluckte hörbar und legte eine Hand auf den Fleck, als ob sie ihn vor Lotte verbergen wollte. „Die Ärzte haben gesagt, dass mein Herz schwach ist," murmelte sie, ihre Stimme zitternd. „Ich habe mich immer gefragt, ob dieser Fleck etwas damit zu tun hat."

Lotte sah die Frau mit Mitgefühl an. Sie wusste, dass ihre Worte nicht trösten konnten, doch sie fühlte die Last dieses Schicksals, das die Flecken der Frau ihr gezeigt hatten. „Vielleicht," sagte sie schließlich, „könnte es helfen, wenn du dich auf das konzentrierst, was dir noch Kraft gibt. Manchmal sind Flecken nicht nur Warnungen, sondern auch Erinnerungen an das Leben, das uns noch bleibt."

Die Begegnung mit der Frau ließ Lotte wieder einmal erkennen, wie tief die Flecken auf der Haut das Schicksal der Menschen widerspiegeln konnten. Doch die Last, die sie spürte, wuchs mit

jeder Deutung. Es war, als würden die Flecken
nicht nur die Menschen verändern, sondern auch
sie selbst, und mit jeder neuen Geschichte, die sie
las, schien etwas Dunkles an ihr zu haften. Ihre
Mutter bemerkte die Veränderung und
versuchte, Lotte zu überreden, mit den Lesungen
aufzuhören, doch Lotte konnte nicht aufhören.
Die Menschen brauchten sie, und die Flecken
zogen sie an wie ein unentrinnbarer Sog.
Bald bemerkte sie, dass auch ihre eigenen
Hände von kleinen Flecken bedeckt wurden,
winzige Punkte, die sie zuvor nie wahrgenommen
hatte. Sie waren kaum sichtbar, doch sie fühlte,
dass sie dort waren, dass sie wie kleine
Markierungen ihr eigenes Schicksal in sich trugen.
In stillen Momenten betrachtete sie ihre
Handflächen und fragte sich, ob diese Flecken
eine Antwort auf die Lasten waren, die sie trug –
oder ob sie eine Warnung vor dem waren, was
noch auf sie zukommen würde.
Einige Nächte später hatte sie einen Traum, der
sie völlig durcheinanderbrachte. Sie befand sich
in einem dunklen Raum, umgeben von Flecken,
die an den Wänden schwebten und sich zu
seltsamen Mustern formten. Jeder Fleck erzählte
eine Geschichte, die in düsteren Bildern an ihr
vorbeizog: Menschen, die ihre Leben verloren,
Krankheiten, die von Generation zu Generation
weitergegeben wurden, und Schicksale, die sich
in endlosen Schleifen wiederholten. Es war, als
hätte sie Zugang zu einer Dimension, in der das
Leben und der Tod zusammenflossen, wo die
Flecken mehr waren als bloße Pigmentierungen –

sie waren eine Sprache, die sie verstand, und eine Bürde, die sie kaum ertragen konnte.
Lotte wachte schweißgebadet auf, das Herz raste in ihrer Brust. Sie wusste, dass die Flecken sie nicht mehr loslassen würden, dass sie für immer Teil ihres Lebens sein würden. Die Frage war nur, ob sie damit leben konnte – oder ob sie eines Tages selbst in den Strudel dieser Geschichten hineingezogen werden würde.

Kapitel 5: Die Begegnung mit dem Unbekannten

Lottes Leben wurde zunehmend von den Menschen bestimmt, die zu ihr kamen, um Antworten auf Fragen zu erhalten, die tief in ihren Herzen brannten. Der Winter stand vor der Tür, und die Straßen von Ueckermünde waren oft leergefegt. Doch Lottes Tür blieb selten unberührt. Sie spürte, dass ihre Gabe immer mehr Menschen anzog, Menschen, die sich Antworten auf das erhofften, was niemand sonst erklären konnte.

An einem frostigen Nachmittag klopfte es erneut. Lotte öffnete und fand sich einem hageren Mann gegenüber, der sie fast flehend anblickte. Er trug einen dicken Schal um den Hals, der jedoch nicht die zahlreichen dunklen Flecken verbergen konnte, die sich bis zu seinem Gesicht hochzogen. Seine Haut war ungewöhnlich blass, und die Flecken waren in einer so dichten Anordnung, dass sie beinahe wie ein einziges dunkles Muster wirkten. Der Anblick ließ Lotte erschaudern.

„Mein Name ist Herr Ulbrich," sagte er mit einer Stimme, die ebenso brüchig klang wie sein Erscheinungsbild. „Man hat mir erzählt, dass du in den Flecken liest. Ich bin nicht sicher, ob mir das noch helfen kann, aber… ich bin krank. Die Ärzte verstehen es nicht. Vielleicht kannst du mir etwas sagen, was mir fehlt."

Lotte ließ ihn eintreten und führte ihn in das Wohnzimmer, wo die schwache Nachmittagssonne durch die Fenster fiel und lange Schatten über den Boden warf. Herr Ulbrich setzte sich auf das Sofa, und sie begann, die Flecken an seinem Hals zu betrachten. Es waren unzählige Flecken, jeder von ihnen in einem tiefen, fast pechschwarzen Ton, und ihre Formen schienen miteinander verbunden zu sein, als würden sie eine Art Muster oder Netz bilden. Lotte spürte eine Unruhe in sich aufsteigen, doch sie zwang sich, ruhig zu bleiben.

„Diese Flecken…", begann sie vorsichtig. „Sie wirken, als hätten sie sich über Jahre hinweg gebildet, als ob sie eine Geschichte tragen, die weit zurückreicht. Hast du in deiner Vergangenheit etwas erlebt, das dich sehr belastet hat? Vielleicht… einen Verlust oder eine schwere Schuld?" Ihre Stimme war kaum mehr als ein Flüstern.

Herr Ulbrich nickte langsam und sah sie mit einem gequälten Ausdruck an. „Ja," murmelte er schließlich. „Ich war während des Krieges ein anderer Mensch. Dinge, die ich gesehen und getan habe, verfolgen mich bis heute. Es ist, als würden die Flecken all das festhalten, was ich lieber vergessen möchte."

Lotte spürte die Last, die auf ihm lag, und in diesem Moment begriff sie, dass seine Flecken mehr waren als nur Hautmale. Sie waren wie ein Schatten seines Gewissens, ein Spiegel all dessen, was er in sich verschlossen hatte. „Vielleicht," sagte sie leise, „tragen die Flecken die Erinnerung an deine Vergangenheit, weil sie nicht losgelassen wurde. Manchmal kann es helfen, sich mit den Dingen zu versöhnen, die wir nicht ändern können. Es ist möglich, dass diese Flecken

dir Frieden bringen könnten, wenn du bereit bist,
das Vergangene anzunehmen."
Der Mann sah sie mit einer Mischung aus
Erleichterung und Furcht an, und Lotte spürte,
dass ihre Worte etwas in ihm berührt hatten, das
seit langem verschlossen war. „Ich... ich werde es
versuchen," flüsterte er, bevor er aufstand und
sich verabschiedete. Doch Lotte wusste, dass
seine Last nicht so leicht zu lösen war. Sie spürte,
dass die Flecken nicht einfach verschwinden
würden – sie waren zu tief mit seinem Schicksal
verbunden.
Nach dieser Begegnung veränderte sich etwas in
ihr. Die Flecken, die sie sah, wirkten lebendiger,
fast fordernd, als wollten sie ihre Geschichten
unbedingt erzählen. Sie fühlte sich von ihnen
bedrängt und wusste nicht, wie lange sie dem
noch standhalten konnte. Die Flecken waren
nicht nur Schicksalsmale, sondern schienen selbst
eine Art Bewusstsein zu haben, eine Kraft, die
durch die Haut der Menschen floss und sie mit
ihrer Vergangenheit und ihrem innersten Wesen
verband.
Eines Nachts, als sie versuchte, all die Eindrücke
und Geschichten zu verarbeiten, die sie in den
Flecken gelesen hatte, hatte sie einen seltsamen
Traum. Sie befand sich in einer unendlichen
Dunkelheit, und überall um sie herum waren
Leberflecken, die wie winzige Sterne in der
Schwärze leuchteten. Jeder Fleck pulsierte, als ob
er atmete, und die Luft war erfüllt von einem
leisen Flüstern, einem Summen, das immer lauter
wurde, bis es die Form von Worten annahm. „Lies
uns, lies uns..." hörte sie, und ein Schauer

durchlief ihren Körper. Es war, als würden die Flecken sie auffordern, mehr zu sehen, tiefer zu blicken.

Am nächsten Morgen fühlte sich Lotte wie ausgebrannt. Der Traum hatte eine beunruhigende Klarheit gehabt, und sie konnte das Gefühl nicht loswerden, dass er eine Warnung war. Sie erinnerte sich an die Worte ihrer Großmutter, die ihr einst geraten hatte, vorsichtig zu sein und sich nicht von den Flecken beherrschen zu lassen. Doch die Gabe, die sie in sich trug, war stärker geworden, und mit jedem Menschen, der an ihre Tür klopfte, schien sie mehr und mehr in eine andere Welt hineingezogen zu werden.

In den folgenden Tagen zog sich Lotte zurück, beantwortete kaum noch die Anfragen der Menschen und versuchte, ihre Gabe zu kontrollieren. Doch die Geschichten und Schicksale, die sie gelesen hatte, ließen sie nicht los. Sie trugen eine Art Energie, die wie eine unsichtbare Last auf ihr lag und sie mit einer Schwere erfüllte, die sie nicht mehr abschütteln konnte. Es war, als hätten die Flecken selbst begonnen, nach ihr zu greifen.

Dann, an einem regnerischen Nachmittag, erschien Frau Heike erneut an ihrer Tür, doch diesmal war sie nicht allein. Neben ihr stand ein jüngerer Mann mit einem ernsten Gesichtsausdruck. Er stellte sich als Dr. Keller vor, ein Arzt aus der Stadt, der gehört hatte, dass Lotte eine besondere Gabe besaß. Er war skeptisch, doch er hatte Fälle gesehen, die ihn nachdenklich stimmten. „Lotte, ich weiß, dass du

die Flecken der Menschen liest. Es gibt da...
einige meiner Patienten, deren Flecken sich
verändern. Es ist, als ob sie eine Art Verbindung zu
ihrem körperlichen Zustand haben. Vielleicht
kannst du mir helfen, das zu verstehen."
Lotte fühlte eine seltsame Mischung aus Neugier
und Furcht. Sie wusste, dass Dr. Keller etwas in sich
trug, das sie noch nicht verstand. Seine
Anwesenheit und die Ernsthaftigkeit in seinen
Augen machten ihr klar, dass er die Flecken nicht
einfach als Laune oder Zufall ansah. Es schien, als
hätte er eine Ahnung davon, dass die Flecken
mehr waren als bloße Hautzeichen.
„Dr. Keller," begann sie zögernd, „ich weiß nicht,
ob ich dir helfen kann. Aber ich habe bemerkt,
dass die Flecken oft tiefere Bedeutungen tragen,
dass sie vielleicht Dinge ausdrücken, die wir nicht
mit bloßem Auge sehen können. Sie könnten eine
Art Spiegel des Körpers und der Seele sein."
Der Arzt nickte nachdenklich und schien ihre
Worte abzuwägen. „Ich verstehe, was du meinst.
Vielleicht ist da tatsächlich mehr dahinter.
Könntest du... mit einigen meiner Patienten
sprechen? Vielleicht kannst du ihnen mehr
erzählen, als ich es kann."
Lotte wusste, dass dies ein Schritt in eine Richtung
war, die sie fürchtete, doch sie fühlte sich
zugleich verpflichtet, diese Möglichkeit zu
erkunden. Die Flecken hatten sie dazu gebracht,
Schicksale und Geschichten zu sehen, die den
meisten verborgen blieben. Vielleicht war dies
ihre Aufgabe, auch wenn sie sie schwer
belastete.

In den folgenden Tagen begleitete sie Dr. Keller zu einigen seiner Patienten. Sie sah Flecken, die tief mit den Schmerzen und der Trauer ihrer Besitzer verwoben waren, Flecken, die ein Leben in Krankheit und Einsamkeit widerspiegelten. Einer der Patienten, ein älterer Mann mit einem großen Fleck auf der Brust, erzählte von einer unerklärlichen Schwere, die er seit Jahren spürte, als ob er eine Last trüge, die er nicht ablegen konnte. Lotte sah den Fleck und erkannte die Form eines Vogels, dessen Flügel eingefallen waren, als wäre er unfähig zu fliegen.

„Vielleicht," sagte sie zu dem Mann, „ist dieser Fleck eine Erinnerung an etwas, das du verloren hast. Manchmal tragen wir das, was uns fehlt, in uns, und es zeigt sich auf unserer Haut. Vielleicht kann dir das Wissen helfen, Frieden zu finden."

Die Besuche hinterließen tiefe Spuren in Lotte. Die Geschichten und Schicksale, die sich in den Flecken zeigten, veränderten sie selbst, und sie spürte, dass sie einen Punkt erreicht hatte, an dem sie nicht mehr einfach nur Beobachterin war. Die Flecken hatten eine Art Bindung zu ihr entwickelt, und sie fühlte, dass sie Teil von etwas Größerem war, etwas, das sie kaum noch verstand.

Kapitel 6: Die Schatten der Flecken

Lotte hatte das Gefühl, als würden die Flecken, die sie bei Dr. Kellers Patienten sah, eine unsichtbare Verbindung zu ihr aufbauen. Die Geschichten, die sie in den Flecken las, waren voller Schmerz, Hoffnung und vergangener Verluste. Sie fühlte, dass sich eine unsichtbare Last in ihr aufbaute – eine Last, die schwerer wurde mit jeder Geschichte, die sie las, und mit jedem Fleck, der ihr seine Geheimnisse offenbarte.

Eines Tages brachte Dr. Keller einen besonderen Fall zu ihr. Es war eine junge Frau namens Anna, deren Gesicht blass und von tiefen Augenringen gezeichnet war. Sie war erst Mitte zwanzig, aber ihr Körper schien bereits von einer Krankheit gezeichnet, die sie ausgezehrt hatte. Anna saß nervös am Tisch und wich Lottes Blick aus, als Dr. Keller die Situation erklärte.

„Anna hat in den letzten Monaten mehrere Flecken auf ihrer Haut entwickelt," sagte Dr. Keller. „Sie sind an ungewöhnlichen Stellen und scheinen zu wachsen, obwohl keine physische Erklärung dafür gefunden werden kann. Die Ärzte stehen vor einem Rätsel, und ich dachte… vielleicht könntest du etwas sehen, das uns weiterhilft."

Lotte nickte und bat Anna, die Flecken zu zeigen. Zögerlich schob Anna ihren Ärmel hoch und offenbarte eine Reihe von dunklen, rötlich-braunen Flecken, die sich entlang ihres Armes und hinauf bis zu ihrer Schulter zogen. Lotte betrachtete die Flecken und spürte, dass etwas Dunkles in ihnen verborgen lag. Jeder Fleck war wie ein Knoten aus Trauer und Schmerz, ein Echo eines tiefen, ungelösten Konflikts.

„Diese Flecken… sie scheinen mit einer tiefen Verletzung deiner Seele verbunden zu sein," begann Lotte vorsichtig. „Es ist, als ob sie etwas tragen, das dir schwerfällt loszulassen. Ein Schmerz, der nicht nur körperlich ist."

Anna sah auf ihre Hände und nickte kaum merklich. „Es ist wahr. Ich habe in den letzten Jahren viel verloren – meine Eltern, meine Schwester. Ich bin allein, und manchmal fühlt es sich an, als würde der Schmerz sich in mir festsetzen." Sie hielt inne, und in ihren Augen lag eine Einsamkeit, die Lotte tief berührte.

„Vielleicht könnten diese Flecken eine Art Ventil sein," sagte Lotte leise. „Eine Möglichkeit, dass dein Körper das, was du seelisch nicht tragen kannst, auf andere Weise ausdrückt. Manchmal zeigen sich Gefühle und Erinnerungen auf der Haut, wenn sie keinen anderen Ausweg finden. Vielleicht… könnten die Flecken sich verändern, wenn du deinen Verlust annimmst und versuchst, Frieden mit ihm zu finden."

Anna nickte langsam und bedankte sich, bevor sie und Dr. Keller die Wohnung verließen. Lotte spürte, dass Annas Flecken nicht einfach verschwinden würden, aber vielleicht könnte die junge Frau lernen, mit ihrem Schmerz zu leben, anstatt ihn zu bekämpfen. Doch die Begegnung ließ Lotte selbst nicht unberührt. Sie fühlte, dass auch in ihr etwas wuchs, eine dunkle Ahnung, die sich in ihre Träume und Gedanken schlich.

In den Nächten folgten weitere Träume, in denen die Flecken wie Schatten um sie herum schwebten, sie anstarrten und flüsterten. Jeder Fleck trug ein leises, kaum hörbares Murmeln in sich, als ob er sie an etwas erinnern wollte. Die Stimmen und Geschichten der Flecken verschmolzen, formten sich zu einem endlosen Fluss aus Erinnerungen und Schicksalen, der sich in ihrem Geist festsetzte.

Am Morgen nach einem besonders intensiven Traum beschloss Lotte, ihre Großmutter aufzusuchen. Die Großmutter lebte allein in ihrem kleinen Haus nahe der St. Marienkirche, und ihre Weisheit und Ruhe waren oft der Halt, den Lotte brauchte. Als sie an die Tür klopfte, öffnete die Großmutter mit einem warmen Lächeln und schloss sie in die Arme. Lotte spürte die Geborgenheit, die sie so dringend brauchte.

„Großmutter," begann sie, als sie sich an den Küchentisch setzten, „ich fühle mich überwältigt. Die Flecken, die ich lese, sie sind nicht mehr nur Zeichen auf der Haut. Sie scheinen… mehr zu sein. Manchmal habe ich das Gefühl, dass sie einen Teil von mir fordern, dass sie meine Gedanken beherrschen."

Die Großmutter legte eine Hand auf Lottes und sah sie mit ernsten Augen an. „Lotte, die Gabe, die du hast, ist eine schwere Last. Nicht jeder kann die Schicksale und Erinnerungen anderer tragen, ohne selbst darunter zu leiden. Die Flecken sind wie Fenster zu den tiefsten Geheimnissen der Menschen, aber sie fordern etwas von dir. Du musst lernen, dich zu schützen und Grenzen zu setzen, sonst werden sie dich beherrschen."

Lotte nickte nachdenklich. Die Worte ihrer
Großmutter waren wie eine leise Warnung, die sie
ernst nahm. „Aber wie kann ich diese Grenzen
setzen? Die Menschen kommen zu mir, weil sie
Hilfe brauchen. Ich kann nicht einfach aufhören."
Die Großmutter seufzte und zog ein altes Buch
aus einem Regal. Es war ein handgeschriebenes
Buch, die Seiten vergilbt und voller Notizen in
einer altmodischen Schrift. „Dieses Buch gehörte
meiner Großmutter. Sie hatte eine ähnliche Gabe
wie du. Sie sprach von den Flecken als
‚Schicksalsmale' und warnte davor, sie zu tief zu
lesen. Sie glaubte, dass die Flecken nicht nur
Erinnerungen tragen, sondern auch Energien, die
sich in die Seele des Lesenden eingraben
können."
Lotte blätterte durch die Seiten und sah
Zeichnungen von Flecken, die wie Symbole und
Muster angeordnet waren. Manche sahen aus
wie Sternbilder, andere wie komplexe Knoten. Es
war, als ob die Flecken eine Sprache bildeten,
die nur Eingeweihte verstehen konnten.
„Vielleicht," sagte die Großmutter leise, „kannst
du lernen, die Flecken zu lesen, ohne dich in
ihnen zu verlieren. Du musst akzeptieren, dass du
nicht jede Geschichte bis zum Ende kennen
musst. Manchmal reicht es, wenn du den
Menschen einen kleinen Einblick gibst, eine
Orientierung, und sie den Rest selbst finden lässt."
Lotte schloss das Buch und spürte, dass die Worte
ihrer Großmutter wie ein Leitfaden für sie sein
könnten. Sie verabschiedete sich mit dem
Versprechen, es zu versuchen, und kehrte nach
Hause zurück. Doch obwohl sie die Warnung ihrer

Großmutter ernst nahm, wusste sie, dass die
Flecken und die Schicksale, die sie sah, sie
weiterhin rufen würden. Die Geschichten der
Menschen waren zu lebendig, zu eindringlich, als
dass sie sie einfach ignorieren könnte.
Die Besuche gingen weiter, und Lotte begann,
die Ratschläge ihrer Großmutter zu beherzigen.
Sie ließ die Menschen erzählen, hörte ihnen zu,
ohne jedes Detail in den Flecken zu suchen.
Doch an manchen Tagen kam sie an ihre
Grenzen, besonders, wenn die Flecken seltsam
und undurchdringlich wirkten.
Ein solcher Tag war es, als ein junges Paar an ihre
Tür klopfte. Die Frau, hochschwanger und
erschöpft, hielt sich den Bauch, und ihr Partner
sah mit einem sorgenbeladenen Blick auf Lotte.
„Wir... wir haben Angst," begann er. „Meine Frau
hat einen Fleck entwickelt, seitdem sie
schwanger ist. Er scheint jeden Tag dunkler zu
werden, und wir haben das Gefühl, dass er
etwas... Unheilvolles bedeutet."
Lotte bat die Frau, sich zu setzen, und
betrachtete den Fleck, der sich auf ihrem
Unterbauch gebildet hatte. Er war dunkel,
beinahe schwarz, und hatte eine seltsame Form,
die an ein zerbrochenes Herz erinnerte. Ein kalter
Schauer lief ihr über den Rücken. Sie konnte nicht
genau sagen, was dieser Fleck bedeutete, doch
sie spürte die unheimliche Verbindung zwischen
ihm und der ungeborenen Seele, die die Frau in
sich trug.
„Dieser Fleck..." begann sie vorsichtig, „er scheint
mit deiner Schwangerschaft verbunden zu sein,
aber ich kann nicht sagen, ob er eine Warnung

ist oder einfach nur eine Erinnerung an die Veränderung, die in dir stattfindet. Manchmal nehmen Flecken Gefühle und Ängste auf, besonders in so wichtigen Momenten."
Das Paar sah sie besorgt an, und die Frau strich mit einer zitternden Hand über den Fleck. „Denkst du, dass er… das Kind beeinflusst? Ich habe Angst, dass etwas mit ihm nicht stimmt."
Lotte spürte die Verzweiflung der Frau und versuchte, ihr Trost zu spenden. „Ich denke, dieser Fleck zeigt dir, dass du vorsichtig und aufmerksam sein musst. Achte gut auf dich und dein Kind, aber lass dich nicht von der Angst beherrschen. Manchmal sind Flecken nur Begleiter, Zeichen dafür, dass wir uns an etwas erinnern sollen."
Das Paar verabschiedete sich mit einem dankbaren Lächeln, doch Lotte konnte den Gedanken an den Fleck auf dem Bauch der Frau nicht abschütteln. Sie fragte sich, ob er tatsächlich eine tiefere Bedeutung trug oder ob er nur ein Spiegel der Ängste war, die jede werdende Mutter hegte. Die Begegnung ließ sie erneut über ihre eigenen Grenzen nachdenken und darüber, wie weit sie in das Leben anderer eintauchen konnte, ohne sich selbst zu verlieren.
In den kommenden Tagen mied sie die Menschen, die an ihre Tür klopften, und verbrachte mehr Zeit mit dem alten Buch ihrer Großmutter. Sie versuchte, die Symbole und Muster zu verstehen, die darin beschrieben waren, und hoffte, darin Antworten auf die Fragen zu finden, die sie quälten. Doch die Worte und Zeichnungen im Buch waren rätselhaft, und

sie spürte, dass ihre Reise noch lange nicht vorbei war.

Kapitel 7: Das Vermächtnis der Fleckleserin

Die Tage vergingen, und die Kälte des Winters hielt Ueckermünde fest in ihrem Griff. Die Straßen waren menschenleer, und die alten Häuser, die sich entlang der Marktstraße reihten, wirkten im fahlen Licht fast gespenstisch. Lotte verbrachte die meisten Abende allein in ihrem Zimmer und vertiefte sich in das alte Buch ihrer Großmutter. Sie versuchte, die Symbole zu entziffern, die Zusammenhänge zu verstehen, doch mit jedem gelesenen Absatz schien das Geheimnis der Flecken nur größer zu werden.

Eines Nachmittags klopfte es an der Tür. Ihre Mutter öffnete, und Lotte hörte die leise, krächzende Stimme einer älteren Frau. Neugierig trat sie ins Wohnzimmer und sah eine Frau, die sie anfangs kaum erkannte. Es war Frau Brauer, eine entfernte Bekannte ihrer Großmutter, die mittlerweile über achtzig Jahre alt war. Ihr Gesicht war von tiefen Falten durchzogen, und ihre Haut war übersät mit dunklen Flecken, die im schwachen Licht wie kleine, zerklüftete Inseln wirkten.

„Lotte," begann Frau Brauer, „ich habe von deinem Talent gehört. Du bist die Enkelin deiner Großmutter, nicht wahr? Deine Großmutter… sie war eine weise Frau. Sie konnte Dinge sehen, die anderen verborgen blieben." Frau Brauer hielt inne und sah Lotte mit einer Mischung aus

Hoffnung und Besorgnis an. „Ich habe diese
Flecken… sie werden immer dunkler. Ich glaube,
sie haben mir etwas zu sagen, aber ich verstehe
es nicht."
Lotte nickte und bat die alte Frau, sich
hinzusetzen. Sie betrachtete die Flecken auf ihren
Händen, die dunklen, unregelmäßigen Male, die
sich über die Jahre tief in ihre Haut gegraben
hatten. Sie erinnerten Lotte an uralte Karten, auf
denen geheime Pfade und verborgene Schätze
eingezeichnet waren. Sie konnte die
Geschichten spüren, die in diesen Flecken
verborgen lagen – eine Mischung aus
vergangenen Erinnerungen, erlebten Schmerzen
und unausgesprochenen Ängsten.
„Frau Brauer," begann Lotte vorsichtig, „diese
Flecken scheinen eine Art von… Zeitspuren zu
sein. Jeder Fleck erzählt von einem Moment, den
du erlebt hast. Sie sind wie kleine Fenster in die
Vergangenheit." Sie deutete auf einen
besonders dunklen Fleck auf Frau Brauers linkem
Handrücken. „Dieser Fleck hier… ich spüre, dass
er etwas mit einem Verlust zu tun hat. Vielleicht
jemand, der dir nahestand?"
Frau Brauer nickte langsam, und eine Träne rollte
ihre Wange hinab. „Mein Mann. Er starb vor
vielen Jahren, aber ich kann den Schmerz nicht
loslassen. Es ist, als ob er sich in meine Haut
eingegraben hat." Sie strich sanft über den Fleck,
als könnte sie die Erinnerung daran spüren.
Lotte nahm eine tiefe, zitternde Stimme an und
sprach weiter: „Vielleicht tragen wir manchmal
die Erinnerungen auf unserer Haut, weil wir Angst
haben, sie loszulassen. Doch manchmal, wenn

wir bereit sind, können diese Flecken zu etwas anderem werden – sie können uns Frieden bringen." Sie sah Frau Brauer mit einem sanften Lächeln an. „Vielleicht bedeutet dieser Fleck, dass dein Mann noch immer bei dir ist, in einer Form, die du nicht sehen, aber fühlen kannst."
Die alte Frau nickte dankbar und verabschiedete sich. Doch die Begegnung ließ Lotte nicht los. In den folgenden Tagen kehrte sie immer wieder zu dem Gedanken zurück, dass die Flecken nicht nur Zeichen des Schicksals, sondern auch Erinnerungen waren, die uns an das banden, was uns wichtig war. Sie begann zu verstehen, dass ihre Gabe nicht nur darin lag, die Zukunft zu sehen, sondern auch darin, den Menschen einen Weg zu zeigen, Frieden mit ihrer Vergangenheit zu finden.
Doch diese Einsicht brachte ihr auch eine neue Erkenntnis: Sie selbst hatte keine Kontrolle über das, was die Flecken ihr zeigten. Sie war nur ein Medium, ein Kanal, durch den die Geschichten anderer flossen. Und sie wusste, dass diese Gabe auch eine Bürde war, die sie tragen musste.
In der folgenden Woche, während ein heftiger Sturm über Ueckermünde tobte und die Wellen des Haffs gegen die Ufer krachten, klopfte es spätabends an Lottes Tür. Als sie öffnete, stand dort ein Mann in einem dicken Mantel, das Gesicht halb verborgen unter einem breitkrempigen Hut. Seine Stimme war tief und klang fast drängend, als er sagte: „Du bist das Mädchen, das die Flecken lesen kann. Ich habe von dir gehört und ich brauche deine Hilfe. Es ist dringend."

Lotte ließ den Mann eintreten und führte ihn ins
Wohnzimmer. Er setzte sich, und nach einem
Moment des Zögerns schob er den Ärmel seines
Mantels hoch und zeigte auf einen Fleck an
seinem Handgelenk. Der Fleck war ungewöhnlich
– tiefschwarz und von einer seltsamen, runden
Form, fast wie ein kleines Loch, das in seine Haut
hineingebohrt war. Lotte konnte spüren, dass
dieser Fleck etwas Bedrohliches an sich hatte,
etwas, das wie ein Schatten auf seiner Seele lag.
„Dieser Fleck… er erschien vor einigen Monaten,"
begann der Mann mit brüchiger Stimme.
„Seitdem habe ich Albträume. Ich sehe Dinge,
die ich nicht erklären kann. Es ist, als ob dieser
Fleck eine Tür zu etwas geöffnet hätte, das mich
verfolgt."
Lotte betrachtete den Fleck genauer und fühlte,
dass er tatsächlich etwas Dunkles in sich trug. Es
war nicht nur eine Erinnerung oder ein Zeichen,
sondern fast wie eine Art Verbindung zu etwas,
das jenseits des Sichtbaren lag. Sie spürte einen
Schauer über ihren Rücken laufen und wusste,
dass dieser Fleck anders war als die, die sie bisher
gesehen hatte.
„Dieser Fleck…", begann sie zögernd, „er ist wie
ein Knoten, der etwas festhält, das du vielleicht
nicht bewusst verstehst. Es könnte eine alte
Schuld sein, ein Schatten deiner Vergangenheit.
Etwas, das dich nicht loslässt, weil du es nie
verarbeitet hast."
Der Mann senkte den Kopf und schwieg für einen
Moment, bevor er leise antwortete: „Ich war im
Krieg. Ich habe Dinge gesehen… und getan, die

ich nicht vergessen kann. Seitdem fühle ich, dass etwas Dunkles in mir wohnt."

Lotte fühlte die Schwere seiner Worte und spürte, dass dieser Fleck mehr war als ein bloßes Mal auf seiner Haut. Er schien eine Art Portal zu sein, ein Tor zu den tiefsten, unbewältigten Teilen seiner Seele. Sie verstand, dass sie ihm nur helfen konnte, wenn er bereit war, sich diesen Schatten zu stellen.

„Vielleicht," sagte sie leise, „kann dieser Fleck dir helfen, Frieden zu finden, wenn du dich den Erinnerungen stellst, die dich verfolgen. Manchmal tragen Flecken nicht nur das, was wir uns nicht vergeben können, sondern auch den Weg, auf dem wir diese Dinge loslassen können."

Der Mann nickte stumm, stand auf und bedankte sich, bevor er in die Dunkelheit der Nacht verschwand. Doch Lotte wusste, dass seine Geschichte sie noch lange begleiten würde. Die Flecken hatten ihr eine Seite des Lebens gezeigt, die dunkel und bedrückend war, aber zugleich voller Hoffnung auf Heilung und Vergebung.

Nach dieser Begegnung verspürte Lotte eine tiefe Erschöpfung. Die Schicksale, die sie in den Flecken las, begannen, sich wie Schatten auf ihre eigenen Gedanken zu legen. Sie spürte, dass sie eine Pause brauchte, doch die Menschen klopften weiterhin an ihre Tür, und die Geschichten der Flecken ließen sie nicht los.

Eines Abends, während sie allein in ihrem Zimmer saß und über das Buch ihrer Großmutter nachdachte, verspürte sie plötzlich eine eigenartige Kälte. Es war, als ob die Flecken auf ihren eigenen Händen lebendig wurden, als ob sie eine Art Nachricht senden wollten. Sie blickte auf ihre Hände und sah, dass ein neuer Fleck auf ihrem Handrücken erschienen war – klein, aber tiefschwarz, und in einer Form, die sie an ein gebrochenes Herz erinnerte.

Ein Schauer durchlief sie, und sie fragte sich, was dieser Fleck bedeutete. War es ein Zeichen, eine Warnung, oder vielleicht ein Echo der Geschichten, die sie in sich aufgenommen hatte? Sie wusste es nicht, aber sie spürte, dass ihre Gabe eine Grenze überschritten hatte, dass sie nicht nur die Schicksale anderer las, sondern auch selbst Teil davon geworden war.

Die Flecken, die sie sah, hatten begonnen, sich auf ihr eigenes Leben auszuwirken, und sie spürte, dass sie an einem Scheideweg stand. Die Geschichten der Menschen, die Geheimnisse der Flecken – sie waren nun Teil ihrer eigenen Geschichte, und sie wusste, dass sie eine Entscheidung treffen musste: Würde sie weiter den Weg der Fleckleserin gehen, oder würde sie versuchen, sich von dieser Bürde zu lösen?

In jener Nacht schlief Lotte unruhig. Die Schatten und Stimmen der Flecken schienen sie zu verfolgen, und sie träumte von einem endlosen Weg, der sich durch Dunkelheit und Licht wand. Am Ende des Weges sah sie eine Gestalt – ihre Großmutter, die ihr zulächelte und ihr den Weg wies. Sie wusste, dass die Antwort, die sie suchte, in ihr selbst lag, und dass der Pfad der Fleckleserin mehr war als nur eine Gabe.

Kapitel 8: Die Prüfung des Schicksals

Der Winter hielt Ueckermünde in einem frostigen Griff, und die Tage wurden kürzer, während die Dunkelheit schwer auf den Gassen lag. Lotte spürte die wachsende Last ihrer Gabe stärker als je zuvor. Der neue Fleck auf ihrem Handrücken beunruhigte sie, und die Träume, die sie verfolgten, schienen sie tiefer in eine Welt zu ziehen, die sie kaum noch verstehen konnte.
In den kommenden Wochen begann Lotte, sich zurückzuziehen. Sie beantwortete kaum noch die Klopfzeichen an ihrer Tür, und die Menschen im Viertel flüsterten hinter vorgehaltener Hand, dass das „Mädchen mit den Flecken" nun selbst von den Schatten heimgesucht werde, die sie sonst las. Nur wenige Vertraute wussten von der Dunkelheit, die sie erdrückte. Die Geschichten, die sie in den Flecken gelesen hatte, schienen lebendig geworden zu sein, als würden sie sie von innen her verzehren.
Eines Abends, als sie am Fenster saß und den Blick über die stille, schneebedeckte Stadt schweifen ließ, hörte sie ein leises Klopfen an der Tür. Widerwillig öffnete sie und fand ihre Großmutter, die in einem dicken Mantel und mit ernstem Blick vor ihr stand.
„Lotte," begann die Großmutter leise, „ich habe dich seit Tagen nicht gesehen. Du kannst die Welt nicht ausschließen, nicht, wenn die Gabe dich dazu ruft, den Menschen zu helfen. Aber ich weiß auch, wie schwer diese Last für dich ist." Die Großmutter nahm ihre Hände und betrachtete den neuen Fleck auf Lottes Handrücken.

„Dieser Fleck… er gehört nicht zu den Geschichten anderer. Er ist deine eigene Geschichte. Er ist das Zeichen für die Dunkelheit und das Licht, das du in dir trägst. Lotte, du musst einen Weg finden, die Gabe zu verstehen, ohne dich in ihr zu verlieren. Es ist eine Prüfung, die jeder Fleckleser durchmachen muss."

Lotte spürte die Weisheit und den Trost in den Worten ihrer Großmutter, und sie verstand, dass die Gabe nicht nur eine Last, sondern auch eine Möglichkeit war, ihr eigenes Schicksal zu formen. Sie musste sich den Schatten stellen, anstatt vor ihnen zu fliehen. „Aber wie?" fragte sie leise. „Wie kann ich all das tragen, ohne daran zu zerbrechen?"

Die Großmutter lächelte sanft und drückte ihre Hand. „Die Flecken zeigen uns nicht nur die Schicksale der anderen, sie zeigen auch unser eigenes Herz, unser eigenes Wesen. Du musst lernen, die Flecken zu lesen, ohne sie in dich hineinzulassen. Du musst lernen, das Leben der anderen zu sehen, ohne dabei dein eigenes zu verlieren. Das ist die Prüfung des Flecklesens."

In den folgenden Tagen begann Lotte, den Rat ihrer Großmutter zu beherzigen. Sie nahm sich vor, die Flecken mit einem neuen Blick zu sehen – als Wegweiser und Erinnerungen, aber nicht als Spiegel ihres eigenen Lebens. Sie würde den Menschen helfen, ihre Vergangenheit und ihr Schicksal zu verstehen, doch sie würde die Last nicht mehr allein tragen.

Einige Tage später, als die Sonne nur kurz über den Horizont stieg, erschien Dr. Keller erneut an ihrer Tür. Er brachte eine Patientin mit, eine junge

Frau namens Clara, deren Körper mit feinen, fast blassen Flecken übersät war. Dr. Keller berichtete, dass Clara von unheilbaren Schmerzen geplagt wurde und die Ärzte keinen körperlichen Grund dafür finden konnten. Die Flecken hatten sich in den letzten Monaten ausgebreitet, und nun hoffte er, dass Lotte eine Antwort finden könnte.
Lotte setzte sich Clara gegenüber und begann, die Flecken auf ihren Armen zu betrachten. Diese Flecken waren anders als die, die sie bisher gesehen hatte – blass, beinahe durchsichtig, als wären sie nicht vollständig Teil von Claras Körper. Es war, als ob die Flecken Schatten eines vergangenen Lebens oder Erinnerungen an ein unausgesprochenes Leid waren.
„Clara," begann Lotte vorsichtig, „diese Flecken… sie scheinen mit etwas Verborgenem verbunden zu sein, etwas, das nicht vollständig in der Vergangenheit liegt. Hast du vielleicht eine Erinnerung, die dich verfolgt, eine Art Schatten, der dich nicht loslässt?"
Clara sah sie mit müden Augen an und nickte schwach. „Vor einigen Jahren… starb mein Bruder bei einem Unfall, und ich war die Einzige, die bei ihm war. Ich konnte nichts tun, um ihn zu retten, und seitdem fühle ich diese Schmerzen, als ob sein Leid sich in mich eingebrannt hätte."
Ihre Stimme zitterte, und Lotte spürte die Tiefe ihres Verlusts.
„Vielleicht," sagte Lotte leise, „tragen diese Flecken die Erinnerung an deinen Bruder und an den Schmerz, den du damals nicht loslassen konntest. Manchmal bleiben solche Flecken, um

uns an das zu erinnern, was wir uns selbst nicht vergeben können."

Clara senkte den Blick und strich über ihre blassen Flecken, als könnte sie den Schmerz mit den Fingerspitzen spüren. „Aber wie kann ich loslassen, Lotte? Wie kann ich mich selbst von dieser Last befreien?"

Lotte erinnerte sich an die Worte ihrer Großmutter und fühlte, dass diese Frage auch ihr eigenes Herz berührte. „Vielleicht," sagte sie, „ist der erste Schritt, dir zu vergeben. Deinem Bruder ist es nun nicht mehr möglich, zu leiden, aber du trägst seinen Schmerz. Manchmal können wir die Vergangenheit nicht ändern, aber wir können ihr einen Platz geben, an dem sie uns nicht länger verfolgt."

Clara nickte und bedankte sich leise, bevor sie ging. Lotte sah ihr nach und fühlte eine seltsame Erleichterung. Die Flecken auf Claras Haut schienen sich auf eine Weise gelöst zu haben, als ob sie nur darauf gewartet hätten, anerkannt und dann losgelassen zu werden. Es war ein kleiner Sieg, eine Erinnerung daran, dass ihre Gabe auch Trost und Heilung bringen konnte. Die Begegnung mit Clara zeigte Lotte, dass sie ihre Gabe nicht mehr fürchten musste. Die Flecken waren keine unbezwingbaren Schatten, sondern Geschichten, die erzählt werden wollten, um dann friedlich zu verweilen. Sie wusste, dass sie diese Last nicht allein tragen musste – dass sie die Flecken sehen, deuten und dann loslassen konnte, ohne von ihnen verzehrt zu werden.

In den Wochen danach kehrte eine gewisse Ruhe in Lottes Leben zurück. Sie half weiterhin

den Menschen, die zu ihr kamen, doch sie ließ
die Geschichten nicht mehr tief in ihr Bewusstsein
eindringen. Sie hatte gelernt, sich zu schützen,
ihre Grenzen zu wahren, und sie erkannte, dass
dies die wahre Kunst des Flecklesens war.
Doch eines Abends, als die Dämmerung über
Ueckermünde hereinbrach, bemerkte sie etwas
Seltsames. Ein neuer Fleck war auf ihrem
Handrücken erschienen, kaum sichtbar, aber
deutlich in einer Form, die sie an ein kleines Herz
erinnerte. Sie betrachtete den Fleck und spürte
eine sanfte Wärme, die von ihm ausging – keine
Dunkelheit, sondern ein Gefühl von Frieden und
Hoffnung.
Lotte lächelte und verstand: Dieser Fleck war kein
Zeichen von Schmerz oder Trauer, sondern eine
Erinnerung an die Liebe und den Trost, den sie
den Menschen in ihren schwersten Stunden
gegeben hatte. Es war eine Bestätigung ihrer
Reise, ein Zeichen, dass sie den richtigen Weg
eingeschlagen hatte.
In dieser Nacht schlief Lotte ruhig und traumlos,
zum ersten Mal seit langer Zeit. Sie wusste, dass
die Flecken noch immer Geschichten zu erzählen
hatten, doch nun war sie bereit, ihnen zuzuhören
– nicht als Opfer, sondern als Wegweiserin. Ihre
Gabe war nicht länger eine Bürde, sondern eine
Berufung, und sie wusste, dass sie die Schicksale
der Menschen auf eine Weise sehen konnte, die
ihnen Frieden und Heilung bringen würde.
Lotte hatte die Prüfung des Schicksals bestanden.

Kapitel 9: Die Rückkehr ins Licht

Mit dem nahenden Frühling erwachte auch Lotte zu neuer Lebenskraft. Die Luft in Ueckermünde war frisch und klar, und die ersten Knospen zeigten sich an den kahlen Zweigen. Das Licht, das durch die Fenster fiel, schien die Schatten der vergangenen Monate zu vertreiben und ein neues Kapitel in Lottes Leben einzuläuten. Sie fühlte sich leichter und freier, als ob die Geschichten der Menschen, die sich in ihren Flecken offenbart hatten, nun ihren eigenen Weg finden konnten.

Die Neuigkeiten über Lottes besondere Gabe hatten sich indes weiterverbreitet, und es kamen nun Menschen aus den umliegenden Dörfern und Städten, die eine Heilung für ihren Schmerz oder Klarheit über ihr Schicksal suchten. Doch diesmal wusste Lotte, wie sie mit den Flecken umgehen musste. Sie hatte gelernt, sich von den Geschichten zu lösen, den Menschen Trost zu spenden, ohne dabei ihre eigene Seele zu belasten. Sie war zu einer Art Seherin und Wegweiserin geworden, und die Menschen fanden Hoffnung in ihrem ruhigen, sanften Lächeln.

Eines Tages klopfte ein ungewöhnlicher Besucher an ihre Tür. Es war ein Mann mittleren Alters, der sich als Paul Schönfeld vorstellte, ein ehemaliger Wissenschaftler, der nun für die Universitätsklinik in Rostock forschte. Er hatte von Lottes Fähigkeiten gehört und war neugierig auf die Verbindung zwischen den Flecken und den Lebensgeschichten, die sie offenbar trugen. „Ich habe lange darüber nachgedacht, ob Flecken wirklich mehr sind als nur Pigmentierungen der Haut," begann er, als er sich an den Küchentisch setzte. „Doch Ihre Gabe scheint zu zeigen, dass sie eine tiefere Bedeutung haben."

Lotte nickte nachdenklich. Sie hatte sich selbst oft gefragt, ob ihre Fähigkeit eine Art Einbildung war oder ob sie wirklich das Schicksal in den Flecken sehen konnte. „Die Flecken… sie sind wie Erinnerungen, Herr Schönfeld. Sie scheinen eine Art Karte des Lebens zu sein, die das, was uns formt, auf der Haut zurücklässt."

Der Wissenschaftler betrachtete sie mit einem durchdringenden Blick und schien über ihre Worte nachzudenken. „Würden Sie mir gestatten, einige dieser Geschichten zu dokumentieren? Ich möchte die Verbindung zwischen dem körperlichen und seelischen Zustand der Menschen besser verstehen. Vielleicht können wir gemeinsam herausfinden, wie und warum die Flecken entstehen – und warum manche Menschen wie Sie sie deuten können."

Lotte zögerte, doch die Möglichkeit, die Natur der Flecken auf eine neue Weise zu verstehen, faszinierte sie. Nach kurzem Überlegen stimmte sie zu, und so begann eine Zusammenarbeit, die sie auf eine Weise bereicherte, die sie nie erwartet hatte. Paul stellte ihr Fragen, die sie dazu brachten, tiefer über ihre Gabe und die Geschichten nachzudenken, die sie in den Flecken gelesen hatte. Gemeinsam sammelten sie Aufzeichnungen, sprachen mit Menschen, die sich erinnern konnten, wann ihre Flecken das erste Mal aufgetreten waren, und suchten nach

möglichen Verbindungen zu besonderen
Erlebnissen in ihrem Leben.

Mit jedem Gespräch, das sie führten, entdeckte
Lotte neue Aspekte ihrer Gabe. Sie erkannte,
dass die Flecken nicht nur individuelle
Geschichten erzählten, sondern auch Teil eines
größeren Netzwerks aus Leben und Schicksal
waren. Manche Flecken schienen sich zu
spiegeln, als ob sie aufeinander abgestimmt
waren, und es schien, als ob Schicksale, die sich
berührten, auch in den Flecken miteinander
verwoben waren.

Eines Abends, als sie und Paul bei einem Tee über
ihre Beobachtungen sprachen, erzählte er ihr von
einer Frau, die seit Jahren an einem
unerklärlichen Fleck auf ihrem Nacken litt. Der
Fleck war wie ein Schatten, der mit den Jahren
dunkler geworden war. Die Frau hatte ihn seit
dem Tod ihres Bruders, und Paul vermutete, dass
dieser Fleck sie an den Verlust band, den sie nie
loslassen konnte.

„Vielleicht könntest du mit ihr sprechen, Lotte,"
schlug Paul vor. „Du könntest ihr helfen, Frieden
zu finden und vielleicht… wird der Fleck sich dann
verändern."

Lotte stimmte zu, und am nächsten Tag fuhren sie
gemeinsam zur Frau, die in einem kleinen Dorf
nahe Rostock lebte. Die Frau hieß Marie, und sie
war sichtlich nervös, als Lotte und Paul ihr
Anliegen erklärten. Doch sie willigte ein und
zeigte Lotte den Fleck, der wie ein dunkler
Schatten ihren Nacken bedeckte und beinahe
wie eine Wolke wirkte, die über ihr schwebte.

Lotte betrachtete den Fleck lange und spürte, dass er eine starke emotionale Bindung zu Maries Vergangenheit hatte. Sie begann sanft zu sprechen und half der Frau, die Erinnerungen an ihren Bruder zuzulassen, die sie jahrelang verdrängt hatte. Gemeinsam durchlebten sie die Trauer und den Schmerz, und Marie weinte zum ersten Mal seit Jahren.

Als sie am nächsten Tag abreisten, war der Fleck zwar noch da, doch er hatte sich leicht verändert – die Kanten waren weicher geworden, die Farbe weniger intensiv. Lotte wusste, dass Marie mit der Zeit Frieden finden würde und dass der Fleck letztlich verblassen könnte, wenn die Wunden der Vergangenheit verheilen würden.

Diese Begegnung festigte Lottes Verständnis für ihre Gabe. Sie erkannte, dass die Flecken nicht nur Erinnerungen, sondern auch Türen waren, die in die Seelen der Menschen führten, in die Orte, an denen Heilung notwendig war. Die Flecken waren keine starren Zeichen, sondern lebendige Abbilder der inneren Welt eines jeden Menschen.

Die Zusammenarbeit mit Paul dauerte den ganzen Frühling an, und mit jeder Geschichte, die sie dokumentierten, schien Lotte ein Stück ihrer eigenen Last abzulegen. Sie fühlte, dass die Flecken sie nun nicht mehr bedrängten, sondern ihr eine neue Leichtigkeit gaben – als ob sie zu einem Kanal geworden war, durch den die Geschichten fließen konnten, ohne sie zu belasten.

Zum Ende des Frühlings schloss Paul sein Projekt ab und dankte Lotte herzlich. Er versprach, ihre Erkenntnisse in einer wissenschaftlichen Arbeit festzuhalten, die die medizinische Welt vielleicht zum ersten Mal dazu bringen könnte, die Haut und die Flecken als Ausdruck der Seele zu sehen. Als Paul abreiste, spürte Lotte eine neue Klarheit und Freiheit in sich. Sie hatte ihre Gabe nicht nur angenommen, sondern sie verstanden und genutzt, um anderen zu helfen.

Die Flecken auf ihrer eigenen Haut waren in der Zeit der Zusammenarbeit verblasst. Der Fleck auf ihrem Handrücken, der sie so lange belastet hatte, war nun ein sanfter Schatten, ein Zeichen für die Geschichten, die sie erlebt hatte, und für die Heilung, die sie anderen bringen konnte. Sie verstand, dass ihre Gabe nun ein Teil von ihr war, den sie nicht mehr fürchten musste, sondern als eine Brücke sah – eine Brücke zwischen der sichtbaren Welt und den verborgenen Schichten der Seele.

An einem klaren Frühlingsabend stand Lotte an der Küste und ließ ihren Blick über das stille Wasser des Haffs schweifen. Sie spürte die Weite und die Ruhe in sich, und sie wusste, dass sie ihre Gabe gefunden und akzeptiert hatte. Die Flecken würden sie immer begleiten, doch sie würden sie nicht mehr belasten. Sie war zur Fleckleserin geworden, die Geschichten hörte, heilte und wieder freigab.

In diesem Moment wusste sie, dass sie ihren Weg gefunden hatte – und dass die Flecken auf der Haut der Menschen nicht nur Zeichen des Schicksals waren, sondern leise Erinnerungen daran, dass Heilung möglich war und Frieden stets in uns ruhte.

Kapitel 10: Die Stimme des Haffs

Der Sommer hielt Einzug in Ueckermünde, und die Stadt erstrahlte im hellen Licht der Julisonne. Die Luft war erfüllt vom Duft der blühenden Blumen und dem leisen Murmeln des Haffs, das sich sanft gegen die Uferkanten legte. Lotte fühlte sich nun stärker denn je, wie verwurzelt in ihrer Gabe, und sie wusste, dass sie nicht mehr das Mädchen war, das die Flecken fürchtete. Sie war die Fleckleserin, und die Menschen kamen weiterhin zu ihr, nun nicht nur für Antworten, sondern auch für den Trost, den sie ihnen zu spenden vermochte.

Eines Nachmittags, als die Hitze über den Dächern flimmerte und die Stadt fast menschenleer schien, kam ein alter Fischer, Herr Jansen, zu Lotte. Er war ein stiller Mann, der oft schweigend am Haff saß, und seine Haut war braun und gegerbt von der Sonne, doch Lotte bemerkte sofort die dichten, fast schwarzen Flecken auf seinen Händen. Sie erinnerten an Seetang oder Muscheln, die in die Haut eingewachsen waren und in eigenartigen Mustern verliefen.

„Lotte," begann Herr Jansen, „ich habe von dir gehört. Man sagt, du siehst Dinge in den Flecken, Dinge, die andere nicht erkennen." Er hielt inne und schien nach Worten zu ringen. „Die Flecken auf meinen Händen… sie sind da, seit ich denken kann. Und mit jedem Jahr werden sie dunkler. Manchmal fühle ich, als würden sie mir etwas sagen wollen."

Lotte betrachtete die Flecken auf seinen Händen und spürte eine seltsame Verbindung zu ihnen, als ob sie die Wellen des Haffs in sich trugen. Sie legte ihre Hand sanft auf die Flecken und schloss die Augen, um die Geschichte in sich aufzunehmen, die sie zu erzählen versuchten. Ein kühles Gefühl durchströmte sie, und für einen Moment hatte sie das Gefühl, von salzigem Wasser umgeben zu sein, als würde sie unter die Oberfläche gezogen.

„Diese Flecken," begann Lotte leise, „sie erinnern mich an das Haff, an das Wasser, das seit Jahrhunderten hier fließt und die Geheimnisse des Meeres in sich trägt. Es ist, als ob sie die Geschichten der Wellen und Stürme in sich aufgenommen hätten. Hast du jemals etwas erlebt, das mit dem Haff oder dem Meer zu tun hat?"

Herr Jansen nickte langsam, und seine Augen blickten ins Leere, als ob er in eine ferne Erinnerung zurückkehrte. „Ja… das Haff und ich, wir sind miteinander verbunden. Ich habe mein Leben auf dem Wasser verbracht, und vor vielen Jahren gab es einen Sturm, einen gewaltigen Sturm. Mein Boot kenterte, und ich dachte, das wäre mein Ende. Doch irgendwie hat mich das Haff zurückgegeben, als hätte es beschlossen, mich leben zu lassen."

Lotte spürte die Ehrfurcht in seiner Stimme und verstand, dass die Flecken auf seinen Händen nicht nur Erinnerungen an den Sturm, sondern an das Band zwischen ihm und dem Haff waren. Sie waren eine Art Anerkennung, ein Zeichen des

Meeres, das ihm das Leben zurückgegeben
hatte und sich in seiner Haut verewigt hatte.
„Vielleicht," sagte sie sanft, „sind diese Flecken
ein Geschenk, ein Zeichen der Verbundenheit mit
dem Haff. Sie erinnern dich daran, dass du Teil
von etwas Größerem bist, dass das Wasser und
die Stürme, die du überstanden hast, nun ein Teil
von dir sind." Herr Jansen sah sie an und lächelte
schwach, als hätte er in ihren Worten etwas
gefunden, das er lange gesucht hatte.
„Danke, Lotte," flüsterte er und legte seine Hand
auf ihre. „Ich verstehe jetzt, warum ich sie nie
entfernen lassen wollte. Diese Flecken sind meine
Geschichte."
Nachdem Herr Jansen gegangen war, blieb
Lotte an der Küste stehen und betrachtete das
Haff. Sie spürte, dass es nicht nur die Menschen
waren, die ihre Geschichten in Flecken trugen,
sondern dass auch die Natur, das Wasser, das
Meer ihre Erinnerungen und Kräfte in die
Menschen webten, die ihr nahe waren.
In den nächsten Wochen kamen weitere Fischer
und Menschen, die mit dem Haff verbunden
waren, zu Lotte. Sie erzählten ihr Geschichten von
Stürmen und geheimnisvollen Lichtern auf dem
Wasser, von einer Art Rufen, das sie in stillen
Nächten hörten. Manche von ihnen trugen
ähnliche Flecken auf ihrer Haut, dunkle Male, die
die Form von Wellen oder Muscheln hatten, als
wären sie vom Haff selbst berührt worden.
Eines Nachts, als ein Vollmond über dem Haff
stand und die Wasseroberfläche in silbernes Licht
tauchte, beschloss Lotte, allein zum Ufer zu
gehen. Sie setzte sich in den Sand und lauschte

dem leisen Rauschen des Wassers. Das Haff
schien lebendig, fast wie ein atmendes Wesen,
und sie spürte die Kraft, die von ihm ausging.
Plötzlich hörte sie eine Stimme, leise und kaum
mehr als ein Flüstern. Es war, als ob das Haff selbst
zu ihr sprach, ihr eine uralte Weisheit zuflüsterte.
Sie verstand die Worte nicht, doch sie spürte,
dass es eine Botschaft war – eine Erinnerung
daran, dass die Welt voller unsichtbarer
Verbindungen und Geschichten war, die nur
darauf warteten, gesehen und gehört zu werden.
In dieser Nacht erkannte Lotte, dass ihre Gabe
mehr war als nur das Lesen der Flecken. Sie war
eine Hüterin dieser unsichtbaren Verbindungen,
ein Bindeglied zwischen den Menschen und den
Kräften, die sie umgaben. Sie verstand, dass die
Flecken nicht nur das menschliche Schicksal
zeigten, sondern auch die Geschichten der Natur
und des Lebens selbst.
Als die ersten Sonnenstrahlen über dem Haff
aufgingen, wusste Lotte, dass sie ihren Weg
gefunden hatte. Sie würde weiterhin die
Geschichten der Flecken lesen, doch nun wusste
sie, dass ihre Gabe Teil eines größeren Ganzen
war. Sie würde nicht nur den Menschen helfen,
sondern auch die Stimmen des Haffs und der
Natur hören, die durch die Flecken auf der Haut
lebendig wurden.
Die Fleckleserin von Ueckermünde war nun mehr
als nur eine Seherin. Sie war eine Erzählerin, eine
Brückenbauerin zwischen den Welten, die
Menschen und das Unsichtbare miteinander
verband. Und während sie am Ufer saß und den
neuen Tag begrüßte, wusste sie, dass sie für

immer mit dem Haff und den Flecken, die ihre
Geschichten erzählten, verbunden sein würde.

Kapitel 11: Das Vermächtnis der Fleckleserin

Der Sommer neigte sich dem Ende zu, und die Luft in Ueckermünde war erfüllt vom Duft der ersten Herbstblätter. Lotte hatte viele Menschen getroffen und ihnen geholfen, die Geheimnisse ihrer Flecken zu verstehen. Sie erkannte, dass ihre Gabe keine Last mehr war, sondern eine Berufung, die sie mit einem Gefühl von Frieden und Erfüllung erfüllte.

Mit der Zeit kamen Menschen aus ganz Mecklenburg zu ihr. Einige brachten Geschichten von Generationen mit, die durch Flecken verbunden waren. Ein alter Mann erzählte ihr von einem Fleck, den sein Großvater und sein Vater an derselben Stelle getragen hatten – als Symbol für die Stärke, die sich in seiner Familie fortsetzte. Eine junge Mutter kam mit einem Fleck auf der Schulter, der die Form einer Feder hatte, und Lotte erkannte darin das sanfte Wesen ihres neugeborenen Kindes.

Doch Lotte wusste, dass die Gabe nicht nur für sie bestimmt war. Sie begann, ihre Erkenntnisse aufzuschreiben, wie ihre Großmutter es einst getan hatte. Seite für Seite füllte sich mit Geschichten, Zeichnungen und Deutungen der Flecken, die sie im Laufe der Jahre gesehen hatte. Ihre Sammlung wurde zu einem Werk, das nicht nur Wissen und Weisheit bewahrte, sondern auch die Verbindung zwischen den Menschen und den unsichtbaren Kräften um sie herum verewigte.

Als der Herbst in vollen Zügen herrschte, besuchte Paul Schönfeld sie erneut. Er hatte ihre

Zusammenarbeit dokumentiert und war dabei, das erste Buch über die seelische Bedeutung von Flecken zu veröffentlichen. Doch er hatte auch eine Botschaft für Lotte. „Ich glaube, dass deine Gabe weitergegeben werden muss, Lotte," sagte er ernst. „Vielleicht gibt es Menschen, die ebenfalls Flecken lesen können und darauf warten, geführt zu werden."
Lotte spürte, dass er recht hatte. Sie war nicht die Erste, und sie würde auch nicht die Letzte sein. So entschloss sie sich, all ihr Wissen und ihre Erfahrungen weiterzugeben, indem sie jungen Menschen, die zu ihr kamen, die Kunst des Flecklesens beibrachte. Manche von ihnen hatten bereits eine natürliche Intuition für die Flecken, andere mussten lernen, die Zeichen und Schwingungen wahrzunehmen. Lotte führte sie an das Haff, erzählte ihnen von den Geschichten, die das Wasser trug, und half ihnen, die Verbindungen zwischen Mensch und Natur zu erkennen.
Der Winter kam, und Lotte verbrachte die kalten Tage damit, ihre Notizen zu ordnen, Geschichten zu schreiben und neue Generationen in die Geheimnisse des Flecklesens einzuweihen. Das kleine Haus in Ueckermünde wurde zu einem Treffpunkt für Menschen, die sich von der Gabe des Flecklesens angezogen fühlten. Die Tradition, die ihre Großmutter einst begonnen hatte, wuchs weiter und fand neue Stimmen und neue Erzähler.
Eines Abends, als die Dunkelheit über die Stadt fiel und der Wind um das Haus wehte, spürte Lotte, dass ihre Reise sich dem Ende näherte. Sie

wusste, dass sie ihren Teil erfüllt hatte und dass die Gabe nun weiterleben würde, in den Geschichten und in den Herzen jener, die den Weg des Flecklesens beschritten hatten.
In der stillen Nacht schrieb sie die letzten Worte in ihr Buch und schloss es sanft, bevor sie ihre Hand auf die abgenutzte, lederne Hülle legte. Ein warmes Gefühl durchströmte sie, und sie wusste, dass ihre Aufgabe hier abgeschlossen war.
Die Fleckleserin von Ueckermünde war nun Teil einer Geschichte, die ewig währen würde – eine Geschichte, die von Menschen erzählt wurde, die die Zeichen der Flecken auf ihrer Haut trugen und die Geschichten, die sie enthielten, an die nächsten Generationen weitergaben.
Lotte lebte bis ins hohe Alter und wurde zur Legende in Ueckermünde. Sie war die Hüterin der Flecken, die Wächterin der Geschichten, und noch lange nach ihrem Tod erzählten die Menschen von der Fleckleserin, die in den Flecken auf ihrer Haut das Schicksal und die Verbundenheit der Welt erkennen konnte.